DOCTRINES

DES

CONSERVATEURS

EN

MATIÈRE D'ÉLECTIONS

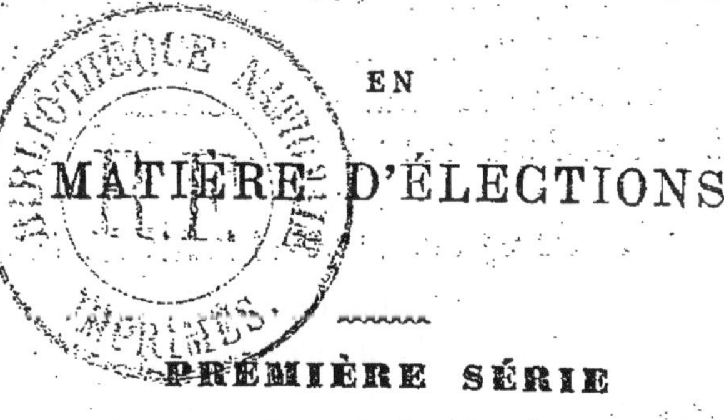

PREMIÈRE SÉRIE

PAR MAXIME LEGRAND

PARIS

IMPRIMERIE DE JOUAUST

RUE SAINT-HONORÉ, 338

1877

AVERTISSEMENT.

Après six années, l'autorité des paroles transcrites sur ces pages reste entière. L'Assemblée nationale de 1871, auteur de la Constitution qui nous régit, fondatrice du régime politique auquel tous doivent obéissance sous les peines édictées par la loi, cette Assemblée a prononcé souverainement en matière d'élections. Les doctrines énoncées par ses chefs, par les rapporteurs de ses commissions, par MM. de Fourtou, Baragnon, Depeyre, Raoul Duval, forment une jurisprudence électorale qui s'impose irrésistiblement à ses successeurs. Interpellée le 7 mars 1871 par M. Audren de Kerdrel, l'Assemblée nationale reconnaissait qu'en prononçant la déchéance de l'empire elle avait entendu simultanément interdire la pratique des candidatures officielles, « ces « candidatures fatales qui suppriment systéma- « tiquement la Vérité, sans laquelle toute Société « manque de sa base nécessaire. »

La série que nous publions aujourd'hui con-

tient les opinions professées au cours de la vérification des pouvoirs par les principaux repré-
sentants du parti conservateur. Des séries suc-
cessives remettront sous les yeux de ceux qui
veulent les ignorer d'autres déclarations non
moins explicites que prononcèrent pendant les
discussions législatives nos plus célèbres adver-
saires. Nous donnerons enfin les décisions et les
lois spécialement édictées par l'Assemblée natio-
nales contre l'ingérence illicite des fonctionnaires
dans les opérations électorales. Quand ils auront
lu ces textes, les plus rebelles reconnaîtront que
la Chambre des députés élue le 14 octobre 1877
ne saurait accorder l'investiture aux candidats
protégés par l'Administration sans violer ouver-
tement la jurisprudence et la législation électorales en vigueur depuis l'année 1871. Elle ne peut
pas le faire. Elle ne le fera pas.

Maxime Legrand.

ASSEMBLÉE NATIONALE DE 1871

VÉRIFICATION DES POUVOIRS

Séance du 16 Février 1871

M. Durfort de Civrac, *rapporteur.* — Pendant vingt ans j'ai combattu les manœuvres électorales sous l'empire. Permettez-moi donc de les combattre encore sous un autre gouvernement, sous le gouvernement de la République, qui, plus qu'aucun autre gouvernement, a besoin de vertu.

..... Nous devons flétrir tout ce qui est coupable. Les abus sont de tous les temps, de tous les régimes; mais ne manquons pas à notre devoir, et étonnons-nous qu'un acte semblable à celui qui nous est signalé ait pu se produire dans un temps comme le nôtre.

Séance du 6 Mars

M. Henri Vinay, *rapporteur.* — Il résulte que le recensement des votes a été fait à la hâte, en dehors des procès-verbaux, sur la production de dépêches d'une provenance peu sûre et non indiquée, donnant des totaux approximatifs par arrondissement et qu'un pareil document n'aurait pas dû être revêtu d'un caractère officiel et adressé à l'Assemblée nationale.

Si votre 14e bureau s'est applaudi de la prudente réserve de ses premières conclusions, il n'en a pas moins été ému à la pensée de l'erreur qu'un examen superficiel du dossier aurait pu lui faire commettre, et il a demandé qu'un blâme énergique fût consigné dans le rapport, tant à l'encontre de M. le préfet du Var, qu'à l'encontre de la commission de recensement du vote. (*Appuyé! Appuyé!*)

Séance du 7 Mars

M. Courbet-Poulard, *rapporteur.* — Le suffrage universel doit être sincère pour être l'expression réelle de la pensée et de la volonté du pays; il ne peut pas être sincère s'il n'est pas libre, s'il est faussé, dans son principe, par une action, par une influence plus ou moins visible, plus ou moins occulte; or, l'action, l'influence d'un préfet qui centralise dans sa personne tous les services, qui tient sous sa main tous les agents de toutes les administrations, à leurs divers étages; qui est, en quelque sorte, l'entrepôt de tous les emplois, de toutes les faveurs du gouvernement, l'influence d'un préfet existe quand même, existe partout dans son département.

Les candidatures officielles, ces candidatures fatales, qui supprimaient systématiquement la vérité, sans laquelle un pays, une société manque de sa base nécessaire, les candidatures officielles ont fait leur temps, elles sont mortes, bien mortes ! Ne faisons donc rien, ni directement, ni indirectement, qui puisse réveiller leur souvenir néfaste ; ne commettons rien surtout qui ait l'air de les faire revivre.

Séance du 7 Mars

M. Gaslonde, *rapporteur*. — Nous avons pensé que l'Assemblée avait, dans l'accomplissement de la tâche pénible de la vérification des pouvoirs, une haute mission à remplir : celle de moraliser le suffrage universel. (*Très-bien ! Très-bien ! à droite.*)

Qui pourrait d'ailleurs mesurer exactement les conséquences de l'intimidation produite par des actes de violence commis publiquement au milieu de la lutte électorale !

Et lorsqu'un certain nombre d'actes frauduleux sont constatés au cours des opérations électorales, sur différents points du département, ne peut-on pas supposer que l'atmosphère électorale tout entière a été viciée, et la sincérité de l'élection n'est-elle pas mise en question ?

M. Depeyre. — Il y a dans cette élection un côté que, j'ose le dire, vous ne connaissez pas encore, le côté de la candidature officielle, admirablement organisée, partant du haut de l'échelle administrative, c'est-à-dire de la préfecture, et descendant au dernier degré de l'échelle, qui est la plus humble des mairies du département.

Sur plusieurs bancs. — C'est cela ! Très-bien !

M. Depeyre. — Nous allons retrouver tout cela, Messieurs, et vous tous qui, sous l'empire, avez eu à lutter contre de pareils procédés, vous allez reconnaître que les traditions ont été bien conservées et que les renseignements n'ont pas été perdus. (*Approbation à droite.*)

.... Je veux rendre justice et pleine justice au gouvernement de la Défense nationale. Quelques jours avant les élections, paraissait au *Journal officiel* cette note, à laquelle nous avons tous applaudi.

« .... Le gouvernement rappelle qu'il n'inter-
« vient d'aucune façon dans les élections, qu'il
« ne patronne aucune liste, qu'il désavoue tous
« les fonctionnaires qui présenteraient une liste
« d'électeurs en la recommandant au nom du
« gouvernement. »

C'était là, Messieurs, un digne et patriotique langage.

... Lorsqu'il sagit de la validité d'une élection ; lorsqu'il s'agit de savoir si une élection a été morale ou ne l'a pas été, peu importe que ceux qui en ont profité aient ou n'aient pas coopéré aux actes blâmables. Si l'élection est mauvaise, il faut que l'élection soit annulée. (*Assentiment sur plusieurs bancs à droite.*)

Voilà ce qui est juste et moral...

M. Depeyre. — Il me semble que parmi les choses qui altèrent le sens politique et moral de notre pays, c'est cette promptitude merveilleuse, ce sans-façon avec lequel, au lendemain d'une révolution, on voit les hommes que le flot des événements a portés au pouvoir renier et fouler aux pieds, dans un misérable intérêt personnel, tous les principes qu'ils défendaient la veille. (*Bravos et applaudissements prolongés sur les bancs de la droite.*)

..... Est-il vrai que dans ce département la candidature officielle, et bien plus que la candidature officielle, la candidature préfectorale, avec tout ce qui lui fait cortége, a été puissamment organisée? Est-il vrai qu'il y a ici autre chose qu'une simple étiquette, qu'il y a une combinaison, une série de manœuvres qui partent, je le répète, du haut de l'échelle administrative pour arriver jusqu'à la plus humble mairie du département? (*Très-bien! très-bien! à droite.*) Et cela, Messieurs, dans un département où il ne reste pas un seul corps électif (*Nouvelles marques d'approbation à droite*), dans un département où il y avait partout des commissions municipales, à quelques exceptions près...; où, en un mot, toutes les forces indépendantes et libres du pays avaient été brisées pour faire place au choix de M. le préfet! (*Nouvelle approbation et applaudissements à droite.*)

Et maintenant vous vous étonnerez, Messieurs, que dans un département ainsi organisé, la lutte ait été vive! Vive, oui! vive surtout de la part de ceux qui avaient l'autorité en mains, et qui pouvaient impunément se livrer à ces actes dont on vous parlait tout à l'heure, à ces arrestations arbitraires qui se sont multipliées...

..... Et vous venez me demander après cela de supputer des votes, de compter des chiffres?

M. Audren de Kerdrel. — On vous a soumis des faits particuliers en grand nombre; ils ont plus ou moins d'importance. Je ne les examine pas; mais on a parlé d'un fait qui domine tous les autres, à savoir, de l'organisation matérielle de la candidature officielle, et on vous a prouvé, au moyen de circulaires et d'affiches qui ont été produites à la tribune, que cette candidature officielle a été organisée véritablement.

Remarquez bien que je ne parle pas de faits particuliers de pression, mais seulement de ce fait de l'organisation de la candidature officielle.

Eh bien, quand nous avons prononcé, il y a quelques jours, la déchéance de l'empire, n'avons-nous pas entendu, à droite et à gauche, prononcer aussi la déchéance des principes mis en pratique sous l'empire, et parmi eux le principe de la candidature officielle ? (*Oui! oui! Très-bien! très-bien!*)

Eh bien, cela est vrai; tout le monde dit: Oui !...

~~~~~

Séance du 8 Mars

M. le vicomte de Lorgeril. — Nous arriverons encore, la première fois qu'il y aura des élections, à des candidatures officielles; nous ne nous en débarrasserons jamais. Nous serons obligés de les subir dans tous les temps...

..... La France conservera ces vieilles tradi-tions de corruption dont je voudrais bien la dé-livrer.

~~~~~

Séance du 11 Mars

M. le baron Chaurand. — Je sais que dans l'esprit de beaucoup de mes collègues, il y a un grand intérêt à ne pas appeler trop souvent les populations au scrutin, à les jeter dans des mouvements irritants, et je voulais répondre à cette préoccupation que je connais bien...

...... Si vous annulez les opérations électorales de (le département), les électeurs sauront quel prix vous attachez au respect de la légalité; ils apprendront que vous mettez au-dessus de toute considération le respect de la loi.

———

Séance du 3 Avril

M. Jozon. — Messieurs, vous n'ignorez pas quelles sont les influences qui s'exercent dans les petites communes, celles du maire, celles du curé, celles du maître d'école et du garde champêtre, celles de quelque riche propriétaire duquel dépendent presque tous les électeurs...

Quelques membres. — Tant mieux !

M. Jozon. — De sorte que les électeurs ne sont pas véritablement libres de voter comme ils l'entendent... parce qu'il ne suffit pas de mettre dans la loi le mot de liberté, il ne suffit pas de poser des principes, il faut encore tenir compte des faiblesses et des imperfections attachées à la nature humaine, et il faut placer les hommes dans des conditions telles que, sans être des héros et en n'étant que des hommes ordinaires, ils puissent faire réellement usage de la liberté que la loi leur concède; et je dis que les électeurs, dans les très-petites communes, ne sont pas placés dans ces conditions...

L'électeur vote non parce qu'il est convaincu, — ce qui serait une bonne chose, — mais parce qu'il ne croit pas pouvoir voter autrement que dans le sens que lui indique tel personnage...

J'arrive, Messieurs, au second reproche que je fais au vote dans les très-petites communes.

Je dis que la sincérité du suffrage universel y est atteinte.

En effet, dans ces très-petites communes, jamais ou presque jamais les formalités prescrites par la loi ne sont observées. Elles ne peuvent pas l'être, parce qu'on n'a ni les moyens ni les hommes qu'il faudrait mettre en jeu pour assurer l'exécution de ces formalités.

Or, ces formalités sont très-bien conçues, et notre-loi, sous ce rapport, est une des plus parfaites qu'on puisse imaginer; elle garantit d'une manière très-sérieuse la sincérité du vote, à la condition que les formalités soient observées.

Eh bien, ces formalités ne peuvent être observées qu'autant qu'il y a un certain nombre d'électeurs, et parmi ces électeurs des hommes qui peuvent et veulent en assurer l'observation.

Vous ne trouvez pas ces éléments dans les très-petites communes. Aussi qu'arrive-t-il, pour ne citer qu'une seule des irrégularités qui se passent dans les très-petites communes?

Vous savez quel doit être le bureau; il doit être composé du maire président, de quatre assesseurs et d'un secrétaire. Dans les petites

communes, il arrive parfois que le bureau ne se
forme pas du tout. On voit bien sur le procès-
verbal qu'un bureau a été constitué conformé-
ment à la loi; mais, en réalité, il n'a pas fonc-
tionné; c'est le maire, assisté du garde champêtre, qui a présidé à l'élection et a reçu les
bulletins....

Quand les bureaux se forment, il arrive rare-
ment que trois des membres du bureau, comme
l'exige la loi, restent en permanence dans la salle
du scrutin pendant toute la durée des opérations.
Voici ce qui arrive presque partout.

On a l'habitude de voter à la première heure.
A sept heures, le scrutin est ouvert; à neuf heures
presque tous les électeurs ont voté. Alors le maire
et le bureau qu'il a formés restent seuls dans la
salle, mais au bout de deux ou trois heures, ils
s'ennuient dans cette salle déserte où aucun électeur ne vient les trouver, et alors il leur arrive
souvent de quitter la salle et de laisser la boîte
du scrutin à la garde, soit du maître d'école,
soit du garde champêtre, soit de tout autre
individu.

Ou bien encore il se passe ceci: c'est que le
bureau constate que tous les électeurs ont voté,
sauf deux ou trois, et alors il se dit: « Ces deux
« ou trois électeurs ne viendront peut-être pas
« voter, et il faut que nous restions sept à huit

« heures à les attendre ; comme nous savons par-
« faitement comment ils voteraient, votons pour
« eux. » Il vote en effet pour les absents, et le
scrutin est fermé...

De là ce phénomène que dans les petites communes, il arrive fréquemment que le nombre
des votants est égal à celui des électeurs. Il est
certains cantons où cela se présente dans sept,
huit et dix communes. Dans ces communes il n'y
a pas un mort, pas un absent, pas un empêché
(*On rit*) ; tous les électeurs se présentent au
scrutin.

Ce serait invraisemblable sans cette explication
qu'on vote pour les absents...

..... Il suffit qu'un électeur soit un homme qui
désire fausser le scrutin et qui ait quelque peu
d'habileté pour que, dans les petites communes,
il y parvienne impunément.

..... Quel est donc le moyen de rendre prati-
ques les formalités légales ? C'est de réunir les petites communes au communes voisines.

M. le baron de Barante. — C'est de
supprimer les candidatures officielles !

M. Jozon. — Le vote dans les petites communes a un autre inconvénient, et, à mon sens, le
plus grand de tous : il porte atteinte à la dignité
du suffrage universel. Si vous voulez que le suffrage universel soit respecté, il importe qu'il

apparaisse toujours aux yeux des populations comme quelque chose d'élevé, je dirais presque de sacré; il ne faut pas qu'il se fasse avec un sans-façon, un laisser-aller qui prêtent à rire.

Eh bien, dans les petites communes........., il arrive presque toujours que le bureau, après avoir attendu trois ou quatre heures les électeurs, qui ne viennent pas, finit par s'en aller, laissant le scrutin à la garde d'une personne de bonne volonté. Mais lorsque le bureau est scrupuleux, se présente un autre inconvénient: le bureau, tout en restant à son poste, n'y tient plus au bout de quatre ou cinq heures, et alors que fait-il? Les membres du bureau se mettent à jouer aux cartes, ils fument, ils boivent; la salle du scrutin se trouve transformée en une salle d'estaminet. Et ce sont les bureaux les plus scrupuleux qui agissent ainsi.

M. le baron de Barante. — Avec les maires nommés directement par l'administration.

M. Jozon. — Cela tient-il, comme on le dit, aux maires nommés directement par l'administration? Cela tient-il aux candidatures officielles? Accessoirement peut-être; mais principalement cela tient au petit nombre d'électeurs réunis dans les sections...

M. de Fourtou, *rapporteur.* — Messieurs, je

viens défendre, devant l'Assemblée, le système du vote à la commune...

..... D'abord, les circonscriptions cantonales sont, à l'heure qu'il est, d'une manière absolue entre les mains du préfet. Vous aurez beau proclamer, et je vous y convie de toutes mes forces, le principe de la neutralité de l'administration dans les élections, vous n'arriverez jamais à établir par décret l'indifférence préfectorale ; les préfets auront toujours des candidats pour lesquels ils auront des affections au moins platoniques, et les affections platoniques sont toujours sur la pente d'affections plus actives. (*Rires d'approbation*.) Il arrivera donc que des préfets, comme nous l'avons vu déjà, refuseront de faire des circonscriptions, quand elles seront contraires aux candidats de leur préférence, et qu'ils les accorderont quand elles seront favorables à ces mêmes candidats. (*Très-bien! Très-bien!*) De sorte qu'ils trouveront moyen d'abuser du remède que vous proposez...

Vous le voyez donc, Messieurs, il faut avoir de la logique et de la loyauté.... Soyons logiques et justes...

On redoute l'influence du maire! Il y a un remède à cela; c'est de créer, par la loi municipale, l'indépendance du maire; supprimez toutes les candidatures officielles, et l'influence illégitime du maire ne sera plus à redouter.

..... Messieurs, il ne faut pas exiger des populations rurales qu'elles se livrent constamment à l'étude de la politique, parce que la politique est le plus terrible de tous les dissolvants :

..... Lorsque vous proclamiez, en 1848, le principe du suffrage universel, vous pouviez, en quelque sorte, le réglementer restrictivement dans son exercice : pourquoi? parce qu'il y avait là, au moins la création d'un droit nouveau et l'émancipation d'une grande partie du pays; mais lorsque les populations jouissent de la plénitude du suffrage universel, en l'exerçant au chef-lieu de la commune, vous ne pouvez pas restreindre ce droit qu'elles ont jusqu'alors pleinement exercé. Vous ne pouvez pas faire un pas en arrière en les dépouillant d'un droit désormais consacré par une longue possession.

(Vives marques d'approbation et applaudissements sur un grand nombre de bancs.)

Séance du 5 Avril

M. de Guiraud. — Si je trouvais digne de l'Assemblée de lui révéler les fraudes électorales dont la pratique s'était répandue, grâce à quinze ans d'une administration détestable dans mon arrondissement, je vous dirais qu'il y a des maires qui profitent de leur position pour faire deux listes électorales : l'une destinée à être montrée aux électeurs qui viennent demander des rectifications ; l'autre, qu'ils produisent au dernier moment et qui ne contient pas les rectifications demandées.......... C'est pourquoi je ne crois pas qu'il faille laisser aux maires imposés le pouvoir de s'occuper de ces listes.

ÉLECTIONS COMPLÉMENTAIRES DE JUILLET 1870

Séance du 15 Juillet

M. Eugène Tallon, *rapporteur*. —La protestation se fonde sur deux faits principaux qu'elle indique en ces termes :

« 1° Dix maires du canton de Marcoing au-
« raient, en leur qualité d'administrateurs muni-
« cipaux, publié une proclamation engageant les
« les électeurs à voter pour les deux candidats
« qui ont été nommés.

« 2° M. Barthélemy Saint-Hilaire aurait, en
« qualité de chef du cabinet de M. Thiers (*Oh !*
« *oh ! —Rumeurs à droite*), aurait écrit à l'un des
« candidats... une lettre portant l'en-tête du ca-
« binet du président du conseil, et témoignant

« du plus vif intérêt en faveur de cette candida-
« ture. Cette lettre aurait été transformée en cir-
« culaire électorale. »

Les faits relatés dans la protestation ont vive-
ment ému, on le comprend, notre attention par
leur apparente analogie avec ceux qui, pratiqués
dans un autre temps, rappellent les mauvais
souvenirs des candidatures officielles. (*Approbation à droite.*)

Ils ont été l'objet du plus scrupuleux examen
de la part de la sous-commission et du bureau,
non moins soucieux que l'Assemblée elle-même
de protéger contre toute atteinte le respect et la
moralité du suffrage universel. (*Très-bien !*)

Le premier fait relatif à la proclamation des
maires du canton de Marcoing ne nous a pas
paru avoir toute la gravité que lui prête la protestation...

..... Toutefois, le bureau a jugé opportun de
rappeler les signataires de la proclamation au
souci de leurs devoirs. Il a pensé qu'ils eussent
dû s'abstenir de mêler à l'expression de leurs
sentiments personnels l'indication de leur qualité
de magistrats municipaux et d'exposer ainsi aux
ardeurs de la lutte le prestige d'une autorité qui
doit se tenir toujours dans une réserve jalouse
de sa propre dignité et se couvrir soigneusement

contre l'ombre d'un soupçon. (*Vive adhésion à droite.*)

Quant au second fait, la publication de la lettre écrite... par M. Barthélemy Saint-Hilaire..., cette lettre, on doit le reconnaître, a été inspirée par un sentiment d'équité et de justice.

Mais quelle qu'ait été l'intention de son auteur, la majorité du bureau regrette qu'elle ait pu, dans ses termes, prêter à l'équivoque et qu'elle ait été imprudemment écrite sur un papier portant en marge l'estampille du cabinet du chef du pouvoir exécutif, ce qui a donné lieu à de graves abus. (*Mouvement prolongé en sens divers.*)

..... Rejetons donc sur ceux qui les ont pratiquées la responsabilité de ces coupables manœuvres. Mais songeons aussi à quelle circonspection doivent s'assujettir les hommes qui représentent le pouvoir dans toutes les choses qui touchent aux délicates susceptibilités de la liberté électorale.

Sur divers bancs. — *Très-bien! très-bien!*

M. le rapporteur. — Ce sera l'honneur de cette Assemblée d'avoir montré au pays qu'elle voulait résolûment arracher l'électeur à toute pression, l'animer du sentiment de ses devoirs, l'élever à de généreuses et saines aspirations. Ce sera l'un de ses meilleurs titres à la reconnaissance publique d'avoir franchement tenté d'asseoir le droit électoral sur des bases de liberté et de sincérité qui permettent d'affermir à jamais la souveraineté du suffrage universel. (*Marques nombreuses d'assentiment.*)

M. le vicomte d'Aboville.—Messieurs, tant que l'Assemblée, sur le rapport de ses bureaux, se contentera de signaler des manœuvres qu'elle blâmera dans les élections qui vous sont soumises, soyez certains que les manœuvres recommenceront.

Il faut une sanction au blâme. Je ne m'occupe pas de savoir, comme on le calcule ordinairement, si elles ont servi ou non à assurer le succès d'une canditure. Il doit suffire que des manœuvres coupables aient été employées dans les opérations électorales pour que l'élection du candidat soit invalidée. C'est le seul moyen de les faire cesser...

Séance du 18 Juillet

Rapport sur l'élection complémentaire de Lot-et-Garonne

..... Dans cette protestation... on relève l'ordre du jour adressé aux officiers et soldats de la 14e division militaire par M. le général de Bisson, et qui se termine par ces mots : «Dans votre vote, «n'ayez pour objectif que l'avenir et la prospé-

« rité du pays; que votre choix se porte sur des
« candidats vraiment républicains, animés de
« sentiments d'honneur, d'ordre, de dévouement
« à la France et à sa grandeur. »

L'Assemblée... n'avait pas cru devoir s'arrêter
à cet ordre du jour, qui ne désignait nominative-
ment aucun candidat; néanmoins votre 9ᵉ bureau
n'a pas cru pouvoir se dispenser de faire une
observation. Sans doute les chefs de cette armée
patriotique qui vient de rendre des services si
éclatants à la cause de l'ordre et de la civilisation,
ont le droit d'exprimer leurs opinions politiques
comme les autres citoyens; mais quand ils
s'adressent, à propos d'élections, aux officiers et
soldats placés sous leurs ordres, ils doivent se
renfermer dans une réserve absolue. (*Assentiment.*) Préposés au maintien de l'ordre, ils ne
doivent conseiller que la soumission et l'obéissance aux lois. (*Nouvelles marques d'assentiment.*)

. . . .

..... Quand des griefs sont invoqués contre la
validité d'une élection, il convient, ce nous semble, de faire une distinction. S'agit-il d'actes
émanés de dépositaires de l'autorité, de fonctionnaires quelconques? l'Assemblée nationale
doit se montrer sévère, parce qu'une influence
administrative peut facilement porter atteinte à
la liberté des votes et en altérer la sincérité.

S'agit-il, au contraire, d'actes émanés de simples citoyens, usant du droit incontestable qui leur appartient, d'appuyer la candidature qui a leur sympathie et de combattre celle qui ne la possède pas? il serait injuste de les juger avec la même sévérité et de rendre les candidats responsables des écarts de leurs partisans. Les mauvais propos, les manifestes exagérés n'enlèvent aucune liberté à l'électeur, qui écoute le pour et le contre, et qui vote ensuite comme il l'entend.

M. le marquis de Gouvion Saint-Cyr, *rapporteur.* — La troisième protestation dont la signature a été légalisée, s'appuie sur des journaux qui auraient été distribués dans un grand nombre de communes et une affiche engageant les électeurs à ne pas voter pour M. de la Boutelière, s'ils ne voulaient pas le retour des droits féodaux, la guerre civile et la guerre avec l'Italie. M. de Beaussire, de son côté, produit des journaux et une affiche dans lesquels on dit que si on ne veut pas voir se renouveler les excès de 1793, de 1848 et de 1871, il faut voter pour M. de Boutelière.

Votre 15ᵉ bureau, Messieurs, trouve très-regrettable de voir se représenter, dans toutes les élections, ces manœuvres qui sont des atteintes à la vérité et à la bonne foi, et qui excitent les populations les unes contre les autres. Elles doivent être, en toute circonstance, blâmées par l'Assemblée, car ces malheureuses allégations n'ont d'autre résultat que celui de créer des antagonismes, de perpétuer les divisions là où il ne doit y avoir qu'un sentiment et qu'un cri : le salut de la patrie.

ÉLECTIONS DE VAUCLUSE

M. Gusman Serph, *rapporteur*. — Par suite de la démission que donnèrent, dans la séance du 7 mai, MM. Elzéar Pin, Alphonse Gent, Taxile Delord, Cyprien Poujade et Alfred Naquet, cinq députés étaient à élire.

Aux candidatures de MM. Monier, Pin, Delord, Gent, Naquet, étaient opposées celles de :

MM. Maynard, Chauffart, Barcilon, de Gaillard, Leo de Laborde,

Dont les protestations avaient provoqué, après les élections du 8 février, un vote de l'Assemblée pour une enquête parlementaire dont les effets ont été suspendus par suite de la démission des candidats élus.

..... Les suffrages se sont ainsi répartis :

MM.		MM.	
MONIER	35,284	MAGNARD.	25,553
PIN	35,228	CHAUFFARD. . . .	25,235
DELORD	35,124	BARCILON	24,165
GENT.	34,002	DE GAILLARD. . .	23,738
NAQUET	32,580	DE LABORDE . . .	23,230

..... Devant un tel écart, votre 15e bureau a été unanime pour décider qu'il y avait lieu de valider les élections des candidats proclamés de Vaucluse, élections contre lesquelles il n'a reçu aucune protestation.

(Les conclusions du bureau, mises aux voix, sont adoptées.)

Séance du 18 Juillet

M. de Chamaillard, *rapporteur.* — Plusieurs électeurs de Saint-Vaast-la-Hougue se plaignent de ce que le garde champêtre de cette commune, quand il distribuait leurs cartes aux électeurs, était accompagné d'un agent qui leur remettait en sa présence, quand il ne les leur donnait pas lui-même, les bulletins de vote de l'un des candidats....., candidats que les auteurs de la protestation ne nomment pas. Si ce fait s'est réellement produit, s'il a été connu et toléré par M. le maire de Saint-Vaast, votre 4ᵉ bureau ne croirait pouvoir le flétrir trop énergiquement. Il constitue en effet l'une des manœuvres les plus efficaces et les plus répréhensibles qui aient été habituellement employées sous le régime impérial...

Séance du 21 Juillet

M. Félix Dupin. — Messieurs....., j'espère vous prouver que les opérations électorales de l'Hérault sont dues à une manœuvre qui, je le dis à regret, a été accomplie avec le concours, peut-être involontaire, de la magistrature, dans des conditions que l'Assemblée aura à apprécier...

..... Le journal l'*Union nationale* a été poursuivi pour un article qui a paru le lundi 26 juin.

.... La cession de la Cour d'assises finissait le samedi ; on la prolongea de deux jours jusqu'au lundi, afin d'avoir le plaisir de faire annoncer la poursuite du journal la veille des élections et de le faire juger le lendemain.

..... En supposant qu'il n'y ait pas là une manœuvre volontaire, en admettant qu'il n'y ait eu là qu'une simple coïncidence, il suffit que le fait ait eu lieu pour que les élections soient annulées, si ce fait a agi d'une manière décisive sur les élections...

N'admettrez-vous pas que 5 ou 6,000 électeurs, troublés par l'annonce de poursuites qui leur montrent des candidats comme des fauteurs d'anarchie et de guerre civile, ne puissent pas se retourner dans un sens opposé? (*Approbation à droite.*)

Et maintenant, je m'adresse aux hommes qui ne votent pas habituellement avec nous, et je leur dis : Nous étions d'accord, il y a deux ans, pour combattre les fraudes électorales de l'empire ; pourquoi ne serions-nous pas d'accord, le lendemain, pour continuer à les combattre, quel que soit le gouvernement sous lequel elles se produisent. (*Très-bien! Très-bien! au centre et à droite.*)

ÉLECTION DE M. DEREGNAUCOURT

Séance du 24 Février 1872

M. Clément, *rapporteur.* — Le bureau tient à vous déclarer en même temps qu'à ses yeux la conscience et la moralité publique ont été offensées par les faits accomplis à Cambrai. Un maire d'une grande ville nommé par le Gouvernement, a organisé une candidature qu'il s'est efforcé de rendre presque officielle....... Il ne suffirait pas de déplorer ces faits, votre bureau a pensé qu'il devait les blâmer et les signaler à M. le ministre de l'intérieur, afin qu'il en prévienne le retour...

M. Raoul Duval. — Dans une élection où de très-nombreux suffrages ont été exprimés, où le résultat n'a été obtenu que par une différence de quatre cents voix, j'estime qu'à moins de faire bon marché de la dignité du suffrage universel, vous ne pouvez pas la valider. (*Assentiment à droite.*) Je dis que vous ne pouvez pas la valider, par ce seul motif que j'ai retenu de tout ceci: un homme investi d'une fonction qui, de par le vote de cette Assemblée, il appartient au gouvernement de conférer, et au gouvernement de retirer, a pu présenter l'un des candidats qui se trouvaient en lutte dans le département du Nord, comme étant l'adversaire résolu de ce gouvernement, comme n'ayant qu'une seule pensée, celle de venir ici, au risque de tous les périls qu'il pourrait déchaîner sur le pays, pour renverser ce même gouvernement que vous avez fondé et auquel vous n'avez jamais marchandé les témoignages de confiance quand il venait vous les demander.

...... Ce fait seul motive un acte de justice. Il ne suffit pas de blâmer de pareilles choses; si vous voulez que les manifestations du suffrage

universel aient toute l'importance qui doit s'atta-
cher à ses manifestations, vous devez soigneusement le faire respecter. (*Très-bien !*) Il n'est pas
possible que l'Assemblée se borne à signaler d'une
façon plus ou moins efficace à M. le ministre de
l'intérieur les agissements du maire de Cambrai,
et la révocation qui pourrait plus tard le frapper
ne saurait nous suffire.

Quand dans les mêmes élections nous voyons
que sur deux candidats qui se trouvent en présence, l'élection a été balancée à ce point que
deux cents voix déplacées pouvaient changer le
résultat du vote, je dis qu'il faut être aveuglé par
la passion politique pour ne pas penser que la
seule intervention du maire de Cambrai, du premier magistrat municipal d'une grande ville du
Nord, pouvait amener le déplacement de ces deux
cents voix. (*C'est vrai ! — Très-bien !*)

J'ajouterai que dans le même département du
Nord, si j'ai bonne mémoire, des faits très-graves
s'étaient déjà produits, et qu'une première fois
nous avons déjà vu le suffrage universel influencé
par la façon dont on s'est servi, pour faire passer
un candidat de la même nuance que celle de
M. Derégnaucourt, du nom du chef du pouvoir
exécutif et de la grande influence qui s'attache à
sa personne.

Je dis qu'en présence de ces faits, nous devons

être d'autant plus stricts et plus sévères, si nous entendons maintenir la dignité et l'indépendance du suffrage universel. (*Très-bien! très-bien! Applaudissements à droite.*)

M. Baragnon. — J'estime qu'autant il est permis à une Assemblée comme la nôtre de ne pas trancher des questions quand elle peut les éviter, autant il est contraire à ce que je me permets d'appeler sa propre dignité, de ne pas les juger quand elles sont posées.

Et ce n'est pas notre faute si le rapport a posé des questions qu'il est absolument indispensable de résoudre.

Vous ne pouvez pas vous dissimuler, Messieurs, que le suffrage universel, qui est en ce moment la base unique de toute légalité, a besoin d'être protégé...

(*A gauche. Très-bien! très-bien!*)

M. Langlois. — Je prends acte de vos paroles.

M. Baragnon. — Et par conséquent il n'est permis à personne de ne pas condamner dans une élection ce qui est condamnable. C'est une question de haute moralité.

Y a-t-il dans l'élection qui vous est déférée par M. Raoul Duval une raison décisive d'annulation? Je n'hésite pas à le penser...

L'élection...... de M. Deregnaucourt doit être

annulée par ce seul fait qu'il n'y a pas de plus grande irrégularité que l'action électorale d'un maire de chef-lieu d'arrondissement, nommé par le pouvoir et agissant en sa qualité de maire.

Ne l'oubliez pas, Messieurs, c'est là le point capital qu'il n'est pas permis de perdre de vue; et la question me paraît posée dans des termes tels qu'il n'est pas possible de ne pas la résoudre, l'Assemblée ne peut pas valider l'élection. (*Très-bien! — Aux voix! aux voix!*)

L'élection de M. Deregnaucourt est invalidée (1).

(1) M. Deregnaucourt fut réélu le 9 juin 1872.